AF607216

BALUARTE

ELVIRA SASTRE

BALUARTE

VISOR LIBROS

VOLUMEN MCCCIII DE LA COLECCIÓN VISOR DE POESÍA

Ilustración de cubierta: María Gutiérrez Murga

Isaac Peral, 18 - 28015 Madrid
www.visor-libros.com

ISBN: 979-13-87745-33-2
Depósito Legal: M-5212-2026

Impreso en España - Printed in Spain
Gráficas Muriel. C/ Investigación, n.º 9. P. I. Los Olivos - 28906 Getafe (Madrid)

A mis padres, a mi hermana, a mi familia
y a Andrea por cobijarme

A Benjamín por su mano en el camino

A la vida por plantarme cerca a Adriana:
la flor más bonita del jardín

A quien sabe que la poesía
es un camino de espinas
que termina en rosa

A quien me lo enseñó

COMO QUIEN SE QUIERE A SÍ MISMA QUERIENDO A QUIEN AMA

Y si me hubieras encontrado limpia,
sin mala conciencia,
sin pena en el sueño,
sin mordiscos de otras arraigados en mis hombros,

¿me habrías bañado de madrugada,
lamido las legañas,
peinado mi insomnio,
acariciado mis manos arrugadas con tus dientes?

Y si me hubiera vestido
de algo parecido a ti,
si te hubiera mentido contándote mis verdades,
si te hubiera dicho que eras la única
y no la primera,

¿me habrías desnudado con los ojos cerrados
y las manos expertas,
besado mientras te hablaba de mi vida,
igualado en el pedestal
tu nombre y el mío
y hecho de este un amor a la par?

Y si me hubiera vendido
como el amor de tu vida,
si te hubiera comprado
como el amor de la mía,

¿nos habríamos enamorado
como quien se quiere a sí misma
queriendo a quien ama?

TRES MIL LATIDOS Y DOSCIENTOS LITROS DE SANGRE

Si pudiera multiplicarme,
pasearía contigo
dándote las dos manos.

Quiero decir,
si pudiera ser dos yo,
yo dos veces
—entiéndeme—,
un alma repetida
como el rizo que se enredara entre dos dedos
y pareciera un meñique
o los labios
que abrieran paso a una lengua
que precediera a un beso
que se duplicara buscando la eternidad,
colonizaría tu hoy y tu mañana,
te esperaría donde estuvieras
y donde quisieras estar,
te extrañaría
viendo cómo tus besos crean goteras en mis pestañas
y al mismo tiempo te dibujaría labios
llenos de saliva
en el centro de tu dedo corazón.

Si pudiera redoblarme,
nos observaría desde fuera
como quien mira los ojos de la muerte:
con envidia.

Si pudiera estar aquí y allí,
estaría en ti y en ti,
prendería fuego a Troya
mientras te regalo París,
te miraría dormir
y al mismo tiempo soñaría contigo.

Ya sabes a lo que me refiero,
si pudiera engañar a las coordenadas
crearía un mapa donde solo cupieran
tus dedos de los pies
y esta necesidad mía de seguirte a todas partes.

Si pudiera ser la misma en dos mitades,
amor,
te vestiría con el mismo nerviosismo
con el que me dejas desnudarte,
limaría mis errores
para que el tropiezo fuera suave
y sería a la vez precipicio e impulso
de todos tus miedos y sueños.

Si pudiera,
mi amor,

convertiría todo lo que ahora es singular
en plural.

Pero no puedo,
así que has de conformarte
con lo único que puedo hacer:
quererte,
no el doble ni por dos ni al cuadrado,
sino con la fuerza de un ejército
de tres mil latidos y doscientos litros de sangre
que queriéndote dar más de lo que tiene
te da todo lo que es.

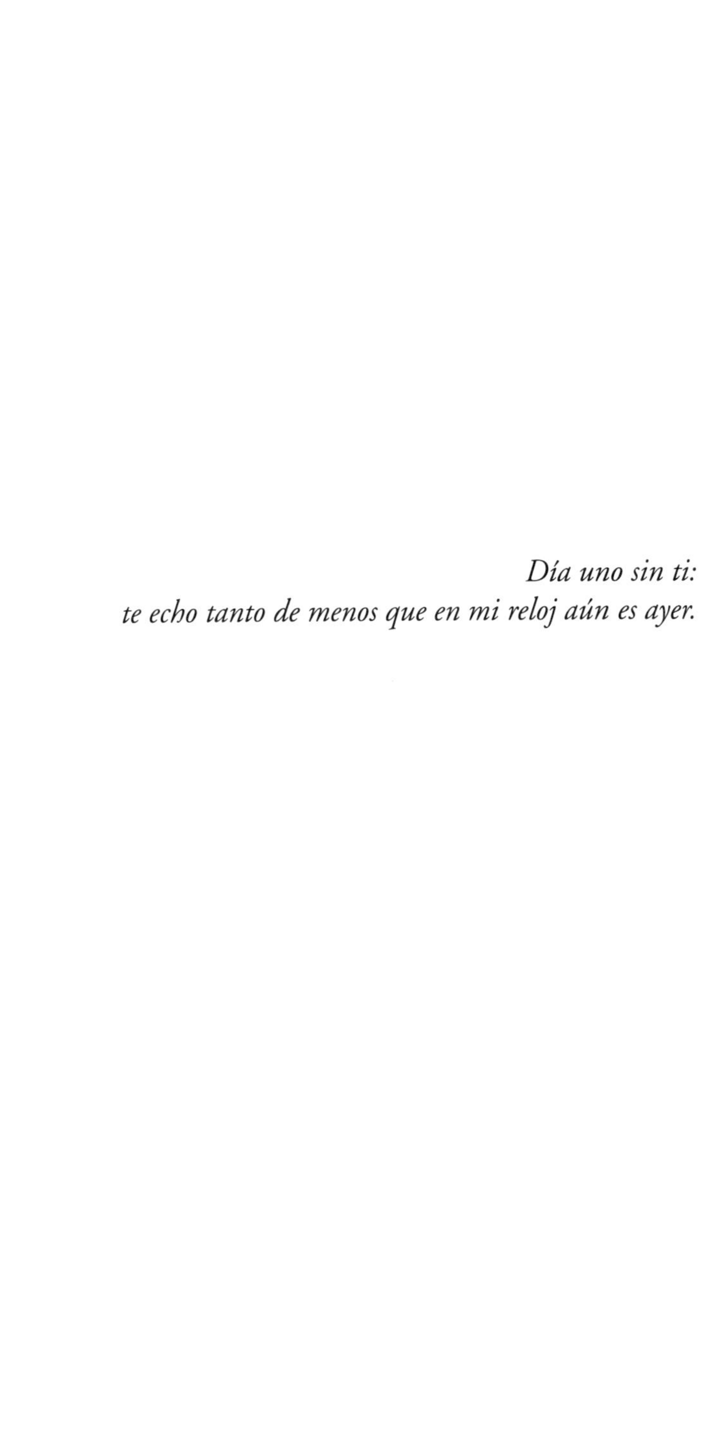

Día uno sin ti:
te echo tanto de menos que en mi reloj aún es ayer.

OH DIOS

(Odio
casi como quiero).

Odio que llueva
y que el sol evapore los charcos
y el calor seque mi cuerpo
sin dejar espacio al frío.

Odio alimentarme de restos
de todo lo que fue:
moribundos,
insaciables,
apenas laten, pero resuenan como vivos.

Odio el frío:
solo es una excusa
para llamar a tu abrazo.
Odio llorar sin poder contártelo,
como quien se masturba
en soledad
y sin fantasmas.
Odio dormir por inercia
y no por agotamiento.

Odio
mi falta de presencia ante los destellos,
esta incapacidad mía
al intentar atrapar las estrellas fugaces
y obligarlas a quedarse,
repeler
todo aquello que signifique abrazarme
por si me daña.

Odio
poder decidir sobre mi muerte
mientras la vida aparece y desaparece
cuando le da la puta gana.

Odio
desconocerme cuando recupero mi pasado
—estoy hecha
de un bucle que rechazo y repito—.

Odio
tanto
que no sé odiar.

(Odio
muchas cosas.
Pero a ti no podría odiarte.

Porque odio
casi como quiero.

Y contigo
siempre he sido
a doble
o nada).

COMO UNA BALADA DE EXTREMODURO

Vivir el amor
como si fuera una balada de Extremoduro.

Besar cuerpos
como si afuera solo hubiera un precipicio
donde algo amenazara con arrancarnos la boca.
Como si nos dieran a elegir,
como Montero,
entre sus labios o la vida.

Caminar
poniendo punto y seguido a todas las huellas.
Dejar las comas
y puntos finales
para contarlo.

Olvidar
de mentira,
lo justo para convertir desamores en recuerdos.

Llorar
hasta secarnos
y reír
hasta volver a mojarnos por dentro.

Morir
creyendo en la resurrección.
Resucitar
creyendo en la muerte.

Enmudecer
apreciando en el silencio otra forma de hablar,
aceptando el ruido del mutismo,
abrazando la belleza que guarda el latido de un corazón
silente.

Pensar
como quien sueña:
a través de un pulso callado entre deseo y realidad.

Perder —y perderte—
queriéndote lo suficiente
para poder encontrarte cuando desees parar.

Sobrevivir
sabiendo que ayer nunca volverá,
mañana nunca llegará
y hoy siempre será.
Tocar los días
como si tuviéramos guardados cinco orgasmos
en cada mano.

Luchar
enseñando el dedo corazón
a todos aquellos que no saben amar.

Escribir
como quien sabe que jamás tendrá la última palabra,
pero sí la única.

Día dos sin ti:
no salgo de la cama,
aún estás conmigo, tan guapa,
aunque sea en mis pesadillas.

ESTE PUTO MILAGRO DIVINO

Yo,
que siempre pestañeo
cuando pasan estrellas fugaces,
que lloro viendo anochecer en el mar
o escuchando a Ludovico Einaudi
porque me siento
incapaz
de
abarcar
tanta
belleza
y eso me llena de tristeza,
que tengo un corazón en dos por cuatro
y un silencio entre los labios,
que temo más a la oscuridad
que a los monstruos,
que no pertenezco a ningún lugar
porque abandoné mi casa
para cohabitar con mi existencia
y debo mil facturas,
que no confío en quien me quiere
por no salir de mi rutina,
que escribo

porque no soporto mi ruido
y todo lo demás es adorno.

Yo,
que curo al alcohol
con mis heridas,
que nunca aprendí a ser feliz
más allá de mí misma,
que me resulta imposible
mirar a otros ojos más de tres segundos
porque me aterra ser descubierta,
que no sé mentir
pero desconozco cuándo digo la verdad,
que echo de menos mi futuro
y así con todo,
que soy tan minúscula como el punto de una *i*
y prescindible como una exclamación de apertura,
que te quiero más,
pero siempre después de ti.

Yo,
que nunca creí en el cielo
ni en la salvación
y que concibo la redención
como un fantasma o un recuerdo…

Permíteme confesarte
a ti,
ángel subido a mi pecho,

que de repente vi tus brazos salados
abriéndose como dos nubes de agua,
tu busto sinfónico inflándose
como un huracán dentro de un volcán en erupción,
tus ojos espumosos destapándose
como las puertas de mi fe ante las certezas,
tu boca llenándose de mandamientos
impenetrables como rocas milenarias,
tus piernas benévolas empapando
mi suelo de flores anacaradas,
tus dedos silentes ahogándose
entre esdrújulas arrítimicas, marítimas y selváticas,
tu voz glorificada disparando
amor a mis labios resecos y perdidos…

… y aún no me creo este puto milagro divino.

UN SUEÑO

El resto del mundo buscaba las respuestas.
Ella tenía las preguntas.

Era un domingo con etiqueta de fiesta
de sábado enredado en nostalgia.

Yo caminaba sola,
a caballo entre mi cansancio
y la esperanza que te ordenan tener,
mirando al suelo
—siempre—
para no perder detalle
de la belleza de las cosas que son más pequeñas que
nosotros.

No sabía dónde iba:
estaba atrapada entre una huida que acababa siempre
liberándome
y una libertad que me volvía presa de mí misma.

De repente
empezó la lluvia
y,
como si fuera una banda sonora programada

de una de esas estúpidas películas felices
o el tiro que indica la salida de la carrera de tu vida hacia
la muerte,
levanté la mirada
y fui testigo de cómo Gran Vía guardaba silencio,
como calla quien no sabe qué decir ante lo que es más
grande que él.

Ella.
Así, con mayúscula,
como se escribe Lluvia, Invierno y Tristeza
o Pájaro, Amor y Saliva.
Ella.

Paseaba despacio,
se la veía tan segura
de que el mundo dependía en ese momento de sus pies
que la prisa no entraba en sus pasos.

Sonreía a solas,
como un prodigio animal en medio de una selva
humana.
Parecía que decía:
Idiotas, la solución a todo está en nuestras bocas.

Zarandeaba sus manos
buscando algún tipo de herida,
tenía los ojos de color café batalla
y en el pelo un millar de caricias de marzo.
Su pecho parecía batirse en retirada a cada latido

y, sin embargo, era fácil entender que era el aire
el que la respiraba a ella.

Miraba al horizonte:
cualquiera en su loco juicio
hubiera dicho de ella que tenía todas las preguntas,
que era una niña perdida
que había venido a salvar(me d)el mundo
porque nunca lo sabría,
que probablemente habría nacido en una nube
y se marcharía en la próxima tormenta
con el resto de todas esas historias
que violan vidas.

A través del deseo
de querer besarle los párpados,
me di cuenta de que era uno de esos seres
que jamás,
ni aun empeñando tu empeño,
podrías llegar a conocer.

Era una de esas maravillas
que te hacen querer ser humano.

Juro que no exagero
si os digo que todo mi invierno se concentró en su cara,
que la lluvia era más pequeña que ella
—igual que mi corazón,
los árboles y la contaminación de Madrid—,
que nada tienen que hacer las mariposas y los terremotos

cuando pestañea,
que la miré como si Gran Vía fuera el diluvio universal
y Noé la hubiera señalado solo a ella.

Que la vida
puede durar un cruce de miradas
en medio de una tormenta.
Y os aseguro que eso es un regalo,
eso es más que suficiente.

E igual que apareció
se marchó:
como quien camina de puntillas
y provoca estampidas de latidos.
Disimulando,
como si no creyera en la poesía
y pensara que todo lo que no se dice en voz alta
no existe.
Como un secreto,
ignorante de que son silencios
que hacen más ruido que la verdad.

Y yo la dejé irse,
sin nombrarla,
para no romper su existencia.

Día tres sin ti:
no llamas
y todo, las canciones mi cama
la pena mi pecho tu nombre mi nombre con el tuyo
tus fotos mis trozos nuestros restos,
comunica.

PERO ERES TÚ, PERO SOY YO

Es como si bailaras al son de una canción que detesto,
pero eres tú,
y te imagino tormenta.

Es como si rezara a un dios en el que no crees,
pero soy yo,
y te arrodillas.

Me arde en las manos este deseo de tocarte,
se me han deshecho los dientes, muertos de pena:
mi boca es un barrizal sin tu saliva.

Me duele el pecho por tenerte tan lejos dentro de mi
costado,
me estoy enterrando en la zanja que nos separa
y creo que quiero seguir viva.

Si
go
res
pi
ran
do.

Y te pongo detrás
… para que me des impulso.

Lo cierto es,
mi jodido amor,
que mi futuro te sigue desvistiendo a dos manos,
que dejo la ventana abierta
para que olvides los portazos,
que no sé si me pesan más las ojeras o el sueño,
pero sigo tumbada al lado de tu hueco y me levanto tan
dolorida,
mi bella muerte,
que mi madre no deja de preguntarme quién me duele
y no me entiende cuando le señalo mi garganta,
que necesito que me digas que no te vas a ir nunca
mientras te vas,
que necesito que me digas que te vas para siempre
mientras te quedas.

Pero salta,
bendita tristeza,
salta,
que no quiero que se te quemen las manos tocándome,
que te duela la piel bajo las mías,
que no soporto la idea de verte morir de pena
después de volver a hacernos en el amor
para ser ceniza,
que tengo el pecho desinflado y pronto no cabrás
—y a estas manos les falta cobardía para rechazarte—.

Salta,
que llevo tus alas por bandera desde el primer día.

Mentirme era tan verdadero
cuando conseguía convencerte…

Te quiero tanto que quiero terminarte,
te quiero tanto
que mañana no podré hacerlo más.

LUGAR, CASA, HOGAR

Camino por una ciudad
que ya no me habita.

La toco descosida,
le
salen
hormigas
de los ladrillos de las paredes,
suenan alarmas
y ya no responden sirenas
—si acaso le han salido hormigueros
en cada jardín—.

Juraría que todo está cambiado.
Juraría que antes aquí
había mar.
O cielo.

Juraría que yo sobrevolé esta ciudad
con más alas
que años.

(…)

Cuando una se marcha,
se da cuenta de que hogar
no es de donde vienes
ni a donde vas.
Llevamos la casa a cuestas,
y a veces son tan empinadas y estrechas
que las abandonamos a mitad de camino.

Por eso,
cuando nos perdemos a nosotras mismas,
cuesta tanto sentirse a salvo.

Cuando una se marcha
y vuelve al tiempo,
lo hace con otro color de ojos,
con un peso diferente en las manos,
con un sabor distinto en la espalda,
con un corazón que late en emigrante.

Cuando una se marcha
y regresa,
se encuentra con un lugar maquillado y extraño,
una ciudad puesta en gala para otros,
como esa chica a la que rechazamos
y se vuelve, de repente,
un ser precioso y no apto para nosotras.

La relación entre un emigrante voluntario
y su ciudad de origen
es como la de una pareja que creció junta

y quiso amarse toda la vida para abandonarse después:
los residuos de un amor que se presentaba eterno
y de una ruptura que se declaró inevitable.

(...)

Ni todos los lugares de los que una se va
se pausan
ni todas las personas que una abandona
se quedan.

Pero a ti podría decirte
que haré de cualquier lugar que lama tus huellas
tu hogar.

A ti podría decirte
que si algún día me abandonas
me colocaré delante,
justo en ese preciso lugar
que no te permita nunca
mirar hacia atrás con pena.

A ti podría decirte
que has de saber que ya ocupas mis ojos,
que llevo tu risa incrustada en mis arterias,
que no hay lugar en mi cuerpo en el que no quepa tu
pena,
que cuando no tengas un sitio al que volver
pienses que tienes abiertos todos mis huecos.

A ti podría decirte
que si un día te sientes perdida
dentro de ti misma,
daré con la solución a tu laberinto
abriéndome el pecho
y poniéndote delante,
justo en ese lugar donde hablo tanto de ti
que no te costará esfuerzo reconocerte
para encontrarte.

A ti podría decirte
que para mí
cualquier lugar
es mi casa
si eres tú
quien abre
la puerta.

Día cuatro sin ti:
me abandonaste a las tres en punto.
El reloj lleva cuatro días marcando las tres y cinco.

ERES LO MÁS BONITO QUE HE HECHO POR MÍ

Eres lo más bonito
que he hecho por mí.

La gente en vez de decirme *el amor te sienta como un*
guantazo

ahora me confiesa *el amor te sienta como un guante,*
blanco, hecho a medida,
y yo les contesto:
El amor es una bala unidireccional
y nuestro pecho un punto fijo:
lo que determina el choque, el temblor,
el derrumbe de cimientos o la recuperación del jardín
es el hueco que acompaña a tu mano
en el impacto.

En otras palabras,
sujeta la mano de tu asesino y ganarás su caricia.

Y es que resulta que a mí el crimen
me pilló masturbándote,
amor,
o masturbándome pensando en ti.
Como si hubiera diferencia.

Como si no fuera lo mismo
amarte, amarme y amarnos.
Como si fuera posible soltarte.
No lo sé,
pero desde que te quiero
mis manos están preciosas.

He lanzado al aire
todas mis dudas,
y ha salido tu cara.
Jamás entendí eso de la suerte
y de la fortuna,
así que no sé bien qué quiere decir,
pero me han entrado unas ganas locas
de arrojar flores a los pies de tu cama.
La verdad es que la ciudad,
mis pulmones
y el cambio climático
han agradecido este golpe primaveral.
Y ahora respiro mejor,
subo sin cansancio las cuestas
y puedo durar cuatro estaciones haciéndote el amor.

He bajado los pantalones a las canciones
con las que un día lloré
y mi pena ha brillado
como un pájaro atrapado en la nieve:
no quisiera menospreciar mis tormentos,
pero tu sonrisa sobre mi lágrima

consiguió ser el mejor de los remedios.
Pero no te alejes demasiado,
sigo necesitándote por si enfermo.

Lo cierto es que no quiero que suene a chantaje,
no malinterpretes mis quejidos,
pero es posible que si te marchas llore hasta inundar
medio continente,
y ya tenemos bastante con los desastres naturales
como para añadirle el mío,
¿no crees?

Quisiera explicarte de una forma sencilla
que desde ti
todo lo malo se ha dado la vuelta,
y qué bonito es el optimismo.

Estás
hasta cuando no estoy,
así defino mi soledad ahora.
Te tengo
incluso cuando se me rompen los bolsillos,
ocupas mi vacío,
eres la antítesis de la nada,
aguas mi desierto,
eres el pasado de todas las ausencias.

No me apena la tristeza,
no me dan miedo los días malos
ni las malas personas,

no evito mi caída,
no me importa no acertar.

Eres a mi pena lo que la chimenea al invierno,
la sonrisa
que no cambia este mundo de mierda, pero
hace que me dé igual vivir en él,
el aplauso que infunde valor a mis tropiezos
y sabe mejor que una victoria,
el centro de la diana de todas mis apuestas.

Eres tan bonita
que decírtelo resulta redundante
y no decírtelo
se parece al silencio.
Al final siempre acabo besándote,
que es la mejor alternativa a la poesía.
Y ya sabes
que a mí me gusta acabar los poemas
con el verso perfecto,
ese que empieza en un papel
y acaba en tu boca.

UNO ES DE DONDE LLORA

Siempre estoy de vuelta
porque uno es de donde llora.

El pasado me llena los ojos de polvo,
de piedras,
de arena molesta,
y todos aquellos que dicen que es el tiempo
el que controla los latidos
saben que miento
cuando les digo que es algo
y no alguien
lo que ha interrumpido mi parpadeo.

(…)

Busco alguien
que me mantenga viva de cuerpo presente.

Alguien que sepa
que el ahora es un suicida al borde del puente
a una coma de la liberación,
el envoltorio de un regalo,
la mirada de un ciego,
un premiado incomprendido,
la vida con la piel de gallina.

Alguien a quien querer aquí y ahora.

(…)

A veces conjugo en futuro
porque suelo creer en todo lo que no existe.

El futuro me miente con piedad,
como un engañabobos,
como un político idiota.
Es una quimera a la que no llega mi dedo corazón.
El futuro es entrañable.
El futuro es eso que no es
y en donde estamos todos.

(…)

Sin embargo,
a veces te miro
cuando te abrazas a mí en el sofá después de comer
y sonríes, respirando caliente sobre mi pecho,
y me dices eso de:
No te buscaba,
pero besas mis instantes
y ahora es mi futuro quien te espera
y me resulta imposible no pensar:
En la teoría todo es una mierda,
pero, en la práctica, tú estás encima de mí
—y viceversa—
y todo es maravilloso.

Día cinco sin ti:
tu ausencia aplastando mis entrañas.
Pareciera que han pasado por mi alma noventa años.

LA POESÍA JAMÁS TE OLVIDARÁ

Te he vuelto a ver desnuda
y se me han corrido los ojos de pena.
Debí borrar aquellas fotos
el día que te olvidé,
pero ¿quién sabe cómo deshacerse
del rastro de una estrella fugaz
cuando ya te ha mirado a los ojos?
Una es presa de todo lo que ha amado
porque el amor es una condena de cadena perpetua
en una cárcel sin rejas.

Estabas preciosa vestida de nada.
Solo eres verdad cuando eres silencio,
cuando eres paz y calma
y te pintas de blanco el pelo para mí.
Hubiera jurado que fuiste real
cuando te vi llorar por mí,
cuando temblaste de miedo por mí,
cuando te descubriste besándome a mí.
Nada me asusta más que pensar
que quizá solo existieras en mi cabeza.

Ojalá entendieras lo sola que me siento
cuando te pienso,
como si cargara con una tristeza que no me corresponde
y has hecho tuya
—ya ni mi pena es mía—.
Te empeñaste en ser la protagonista de mi vida
aunque fueras la mala,
no me quiero por haberte creado
aunque definas parte de mi historia.
Te regalo mi atención,
si es lo que quieres,
pero baja ya el telón
y deja que corte mi cabeza.
No hay nada más triste
que querer hacer un *bestseller*
de un libro solo para dos
o una película rodada para un único espectador.
O quizá sí,
quizá sea más triste el silencio
cuando no es forzado.

Apareces cuando me quedo a solas
conmigo misma,
en ese infierno en el que la soledad
es una multitud de gente y ruido
y alguien llora al otro lado de la pared.
Y, entre la tentación de odiarte
o abandonarme a lo que depare tu recuerdo
—con suerte un suspiro;
sin ella, un poema—,

aprieto los dientes con fuerza
y dejo que pases,
como un dolor momentáneo,
como un golpe seco y certero,
como una palabra mal dicha
y a destiempo,
como las horas del peor día de tu vida:
sin remedio, con esfuerzo
y sin darle importancia.

Hay sueños
que son la estela de un deseo constante
y otros que reflejan anhelos secretos
y son casi pesadillas.
Adivina en cuáles sales tú.

No he superado este dolor
porque aún no he desaprendido
el placer de mis heridas.
El día que deje de escribir
y alguien me aplauda
sabré que existe la inocencia.

No te creas dueña y señora
de mi tristeza:
solo aquel que posee algo es capaz de liberarlo,
y hace ya demasiadas palabras
que sé que eres un motivo pero no la causa
—esa gran diferencia
que tan poca gente entiende—.

Un día me salvaré y el cielo caerá sobre mi cabeza.
Me siento mejor así,
de veras,
no te entristezcas y te vuelvas una nube gris por ello.

Tengo que aprender a llorar mejor,
olvidar la vida que no pasa,
volver a casa
y dejar que me noten ausente,
deshacerme de las armas
que coloqué hace un tiempo en un lado de la cama
y besar en la boca a la calma.
Escúchame:
mi bandera blanca es mi piel desnuda
y hace tiempo que no paso frío.

Quien me conoce sabe que no es fácil hacerlo:
por eso la mayoría huye al principio,
por eso los pocos que lo consiguen se quedan para
siempre.
No dejo sin casa
a aquel que llega a mí atravesando bosques de lenguas
extintas.

Tengo, del mismo modo,
que confesarte de una manera dulce
que te he olvidado,
que tus fotos son una caricia del pasado,
pero en mi mañana ya no te miro,
que he aprendido que recordarte

no es más que un beso a mi herida
para que no se sienta tan sola
como yo cuando me la hiciste,
que aquí hace tiempo que ya es primavera,
aunque haya días de tormentas torrenciales,
pero mírame:
he aprendido a bailar
—quién lo diría, amor,
con esta vida que llevo tan llena de tropiezos—.

No sé dónde estás,
pero sé que en el lugar que sea
estarás orgullosa de mí por olvidarte.
Te he olvidado,
amor roto.

Pero no tengas miedo
a que nadie te recuerde:
la poesía jamás te olvidará.

INFECCIÓN

Infesta burla de la vida,
maldita *tristeza.*
Suicida alimaña
que solo busca torturar el alma
en el regocijo de su putrefacción.
Vomitivo ataque
que refugiándose en una arcada sobrevive
y se hace con el aire,
impregnando hasta el aliento de una voz.
Y ni te matan ni matas:
solo deshaces, diluyes y destruyes.
Y aun así te salvas
en la inspiración de derruidos poetas,
manos muertas que te expulsan rotas de dolor;
en palabras destrozadas,
vomitadas en frases mordidas por el tiempo;
en miradas que sentencian muerte,
disyuntiva entre tu cuerpo y el mío.

Día seis sin ti:
hoy solo he llorado escuchando a Andrés
y leyendo a Ernesto.
Voy mejorando.

HIBERNO

Siempre que dormíamos era invierno,
y en el frío me enseñabas a volar
y yo te echaba de menos.
Entonces despertaba.
Y te echaba
de menos.

La primavera no quiere
que los amores de invierno terminen,
pero el verano ha llegado
y ha arrasado con todo.

Ahora tú solo sabes hablar del sol,
te haces un moño despeinado mientras bostezas,
te pintas las uñas de los pies,
te ríes mucho más que antes,
y, mientras,
me dejas de querer.

Ahora yo me vuelvo a refugiar en los poemas
y escribo sobre febrero,
echo de menos la lluvia
y el sabor de tu jersey,
y, mientras,
te quiero más que ayer.

SOLO CONMIGO, SOLA CONTRA MÍ

Los ruidos de mi cabeza no me dejan dormir
y apenas recuerdo la última vez que desperté,
pero es imperturbable el silencio de la soledad con una
misma,
son irrompibles los diques de la sinrazón.

Y yo estoy solo conmigo,
pero sola contra mí.

Acabo muerta cada vez que me enfrento a mis fantasmas
y este no saber si me vencen luchando
o si me dejo ganar por cansancio
derrota cualquier amago de abandono.
Preferiría verle la cara a mi miedo:
es mil veces peor vivir con el temor a encontrarla.

Son inútiles mis trampas:
combatir el miedo a caer
no se hace luchando desde el suelo.
¿Pero cómo me voy a levantar
si la mano que se muestra tendida
es la misma que me retiene?

¿Quién me tiende
y quién me tiene?

¿Quién me entiende?

El mundo es un engaño
para quien no sabe jugar
y yo solo confío en los confiados
porque son los únicos
que no creen en la mentira
—porque ni yo lo hago—.

No envidio
a quien no tiene motivos para llorar,
agradezco a la nube que vació sobre mi cara
esta pena pausada,
sé ver el gris del arcoíris
igual que sé poner color a las pesadillas,
pero aún no sé cómo cerrarme los ojos,
me anestesia todo lo que duele
y eso es algo que nunca comprenderé,
pero he suspirado agua por los ojos
viendo el mar
y creo que lo entiendo.

Solo me valoro en otras bocas,
me canso de los espejos
y de las orgías de palabras vacías,
olvido todo lo que no fue capaz
de romperme y reconstruirme
en un mismo golpe,
empatizo con todo aquel
que acumula bocetos incompletos

porque mi vida también fue
una mancha negra en un lienzo blanco,
pero entonces alguien me llevó a un museo
y me llamó arte.

Quizá solo se trate de encontrar a quien te sigue mirando
cuando tú cierras los ojos.

Y escribo, escribo, escribo,
escribo para que mis ruidos no me cieguen.
Escribo, escribo, escribo,
escribo para dar al silencio una excusa.
Escribo, escribo, escribo,
escribo para repetirme que todo está vivo.
Escribo, escribo, escribo,
escribo para enseñarme todo lo que desconozco de mí misma,
todo lo que no quiero terminar de conocer.
Escribo, escribo, escribo,
escribo para que el día que no me mires no quieras
    marcharte,
para que el día que quieras irte lo hagas sin dudar.
Escribo, escribo, escribo,
escribo porque la música es suficiente y yo soy persona de
    excesos.
Escribo, escribo, escribo,
para nunca saciar esta hambre de todo que se vacía con nada.

Escribo, escribo, escribo.
No dejo de escribir.
No quiero morir.

(Y es que aquí dentro solo late un pensamiento:
qué será de mí cuando descubra
que las palabras también son mentira).

Día siete sin ti:
mi madre me ha besado las ojeras
y he salido del ataúd que es mi cama sin ti,
dejando al lado de la almohada una nota de resurrección.

PAÍS DE POETAS

Hoy a España le han dado una paliza
—el último parte indica agonía—
y llora como un cachorro abandonado en la cuneta
mientras susurra llena de pánico:
Se están llenando mis puentes.
Y yo la miro
con los ojos llenos de justicia
y le digo:
Aguanta, te salvaremos los supervivientes.

En la calle solo queda viva un hambre feroz
que aterra:
el canibalismo de un capitalismo devorador.
Quien dice defendernos nos acaricia
y nos deja la cara llena de sangre:
un abrazo falso duele más que una puñalada…
y lo saben.

Quieren rajar nuestras gargantas
y nutrirnos de sus restos,
atar la libertad de pies y manos y lanzarla al mar
como quien ahorca con saña los derechos humanos.
Son culpables de todo este daño
y no saldrán indemnes:

este aullido en su oído pronto se convertirá en
dentellada.
Seguimos siendo salvajes humanos
dentro de su circo,
pero terminará la función y destrozaremos su sonrisa de
payaso.
Os estamos descubriendo
y la rabia fluye por nuestras venas
junto al hambre, la pobreza y la injusticia.

Quién os lo iba a decir:
cabe más humanidad en estos cuerpos
que mierda en todos vuestros discursos.

Hoy España huele a podrido,
aunque yo la siento más guapa que nunca
cuando bajo a comprar al mercado
en ese puesto que está a punto de cerrar
y me desean buen día
o cuando veo a un estudiante
ceder su asiento a una mujer con una pensión de
mierda
que sonríe con esa resignación
de quien ha vivido de paz a guerra de paz a guerra de
paz…
Parece que cada mañana el pueblo grita:
Nos quedamos para salvarte,
España.
Y el pueblo nunca miente.

Y vosotros escuchad,
soltad los hilos corruptos de vuestras manos
y mirad hacia abajo,
cerrad vuestra boca llena de humo negro
y abrid bien vuestros oídos viciosos:
solo aquel que no tiene nada
tiene todo.
Nos habéis convertido en el ejército más poderoso:
ese que no tiene nada que perder.
Y vamos a por vosotros,
armados hasta los dientes de valor,
escudados con una resistencia caníbal
y con un amor violento por la supervivencia.

Jamás debisteis usar las palabras en vano:
vivís en un país lleno de poetas.

EL VUELO DE MI VOLUNTAD

El amor es un pájaro
y a ti te quedan pequeñas todas las metáforas.

Mira,
cuando el dedo apunta al cielo
yo te miro a ti
y pienso:
¿Y si resulta que somos pájaros volando en la Tierra?

Verás,
tengo al miedo recluido en un cuarto de mi cuerpo
a oscuras
para que se sienta cómodo y no quiera salir
—disculpad la cobardía,
pero a veces duermo por no encender la luz—.
Si quieres domesticar a tus fantasmas
dales una pistola con una única bala,
una habitación sin luz,
cuenta hasta tres
y huye.
Todos los valientes mueren en el penúltimo paso, pero
solo los cobardes lo saben.

En el otro cuarto amanecemos tú y yo cada día
como animales salvajes
reducidos al instinto básico de supervivencia humano:
amarse.
Qué voy a decir al respecto:
que nos es suficiente
lo demuestra la quietud de mis heridas
—hay quienes se conforman con poco para vivir,
otros necesitan de más para no morir
y a mí me basta amarte para saberme inmortal—.

En la mitad que me queda
llueve, a veces.
Es un cuarto con goteras
y los vecinos se quejan:
Lloras muy alto,
me acusan.
Déjenme quererme, les suplico.
Después abro la puerta
y entras tú como un vendaval sin portazo:
resulta que desde que me bebes no me ahogo,
bebiéndote aprendí a nadar.
Una noche apagaste la lámpara y me llamaste luz:
desde entonces cada vez que tengo miedo río
—qué sencillo es todo lo difícil
cuando pasa por tus manos—.
Mi temor se vuelve una cascada de aire limpio
cuando me confieso ante ti
y por un momento soy todo lo que no soy.
Como cuando tú me nombrabas:

conseguías hacerme ser todo lo que nunca fui,
y aún no sé si te debo mi futuro o eres el nombre de mis fracasos.
Sea lo que sea:
gracias por el huracán,
deja la puerta abierta a futuros destrozos y posibles arreglos
y, por favor,
no vuelvas jamás.

A lo largo y a lo ancho de este mar
he aprendido varias cosas.
Amigo es quien pone su lágrima en el ojo cuando quieres llorar,
quien vuelca su risa en tus oídos cuando quieres reír,
quien te cura las heridas aunque escueza
y no quien evita tu caída
—caerse es necesario para aprender a andar—.
El amor de una madre es insuperable,
el cariño de un padre incontenible,
la protección de una hermana inabarcable:
la familia, en mi definición, una suerte.
Amar a alguien por olvido a otro
solo hará que te dejes de reconocer a ti misma.
El dolor es el amor real en futuro.
Los generosos son los únicos que quieren en exceso.
La música es una mujer.
Llorar también es traer el mar a los ojos de una.
Los amores platónicos son luz de estrellas muertas siglos atrás;

los amores reales, lluvia en el rostro.
Superarse a una misma es un beso con lengua al amor propio.
No te creas todo lo que te cuenten,
ni siquiera esto:
la sabiduría es individual
y solo responde a las experiencias de una misma.

Me calma tu cama,
me duele tu duelo,
me salva tu saliva.
Eres todas esas cosas que un día me juré no necesitar,
la total entrega sin escudos: un amor virgen,
esa vida que rechazaba por cobarde
—no llames cobarde a alguien que tiene miedo,
solo abrázalo y dile que,
al revés de todo,
los monstruos existen hasta que les pones nombre:
solo los valientes lo hacen—.

Y creo que te quiero de verdad:
porque no te necesito
y aun así no quiero que te vayas,
porque eres verdad sobre toda mi vida
y tu cara parece un logro sobre esta losa que me arrastra,
un beso a la flor marchita de mi lápida,
porque meciste mi mano para escribir mis temores
de una forma tan suave que pareció una caricia
y ya no tengo miedo más allá de mí misma,
porque me has hecho amar

aquello en lo que dejé de creer
y, mereciéndote un cielo y un nombre de diosa,
te quedas en mi tierra.

Te quedas en mi tierra,
conmigo,
que es algo así como un paraíso
cuando es contigo,
una estrella en espera cuando cae la noche
y un solo cuerpo abrazado a sí mismo
cuando me miras
y no soy yo a quien ves
sino a un continente hecho lava,
fuego artificial
y sueños que cumplir cada noche.

Me voy a quedar aquí conmigo
un rato más,
en mi quietud contemplativa,
mirando al cielo buscándote
—o viceversa—
porque tu vuelo amansa la voluntad de mi daño
y alguien me dijo una vez
que no hay que poner comas a la calma.

Día ocho sin ti:
me he ido a dar un paseo a la playa,
ha llovido como si le hubieran roto el corazón al cielo
y he comprendido
que uno es de donde llora pero siempre querrá ir a donde ríe.

MALDITA ZORRA

Estaba loca:
su tristeza no era de este mundo,
a veces estallaba a reír cuando me lloraba sus penas
y solía enredarse el pelo cuando le iba bien.

Se pintaba los labios antes de dormir:
Quiero estar guapa para mis sueños, me decía.
Luego se levantaba con el rímel corriéndose en sus ojeras,
como en mis mejores fantasías,
y me preguntaba la diferencia entre una nube y una ola.

Yo la observaba en silencio
—un silencio consciente,
pues ella era una de esas mujeres
que te hacen saberte derrotada antes de intentarlo—,
como si tratara de vencerla sin palabras,
como si esa fuera la única forma.
Ilusa.

En ocasiones
todo lo que hay más allá de alguien es superfluo
y todo lo que hay dentro de una es redundante.
No lo sé,
le hubiera repetido un millón de veces por segundo

que era más guapa que un pájaro sobrevolando el mar
y que sabía más dulce que la caricia de un padre,
pero ella estaba loca,
loca como un silencio en medio de una escala,
y solo me besaba cuando me callaba.
Maldita zorra.

Solía decir que los peces eran gaviotas sin alas
y era imposible tocarla sin que gritara.
Yo lo disfrutaba: era un instrumento delicioso.

Cuando le decía que amaba su libertad
se desnudaba y subía las escaleras del portal sin ropa
mientras me contaba que echaba de menos a su madre.

Cuando tenía miedo
se ponía el abrigo y se miraba al espejo,
entonces se reía de mí y se le pasaba.

Cuando tenía hambre
me acariciaba el pelo y me leía un libro
hasta que me quedaba dormida.
No sé qué hacía ella después,
pero cuando me levantaba ella seguía ahí
y mi pelo estaba lleno de flores.

Un día se fue diciendo algo que no entendí,
supongo que por eso empecé a escribir.

Me dijo:
No me estoy yendo,
solo soy un fantasma de todo lo que nunca tendrás.

Maldita zorra.
Maldita zorra loca.

Estaba loca,
joder,
estaba loca.

Tenía en su cabeza una locura preciosa.

¿Cómo no iba a perder la razón por ella?

NUNCA OLVIDES QUE ERES UN PÁJARO ATRAPADO EN LA NIEVE

A mí me salva no entenderme,
pero hay unas flores preciosas creciéndote en las lágrimas,
un fuego congelándose
en la escalera que separa nuestras bocas,
arañas jugando entre mi pelo,
un estropicio latente ordenado en mis heridas,
un beso lento en la sartén
y
un
montón
de
relojes
parados
suspendidos
detenidos
atrapados
en
la
última
vez
que
miré

el
lunar
de
tu
muñeca.

Día nueve sin ti:
no te olvido,
pero hoy he vuelto a reír de nuevo
y he sentido un anhelo reconfortante al abrir la ventana,
como si el aire barriera los fantasmas de mi suelo.

SIN EMBARGO

Te deseo a alguien
que no te diga lo guapa que eres,
sino que te lo enseñe,
para que te lo aprendas
sin necesidad de repetírtelo.

Te deseo un poema sin adorno,
frases ridículas,
palabras llanas y simples,
para que entiendas que en el amor
poesía es lo que sale de tu boca
y no lo que lees en los libros.

Te deseo a una amante con el corazón roto
para que sepa entenderte
y para que respete tu tristeza
cuando haya humedades,
pero sobre todo
para que proteja los destrozos del tuyo
con el suyo
y cuando tiemblen
tener un sustento.

Te deseo a una admiradora del nudismo
para que vivas lo que es una mirada desmaquillada,

para que coloques los espejos al otro lado,
para que te lleve con los ojos
a amar tu cuerpo sobre todas las cosas,
para que respete tu belleza
y haga de tu silueta el mapa de su tesoro.

Te deseo a una fiel del mar
para que jamás detone las olas de tus lagrimales,
para que acepte que un día serás calma
y otro tempestad
y aun así decida volver a ti cada día,
para que no evite que te derrames,
para que lleve tu sabor en la piel
y mire dentro de ti aunque escueza.

Te deseo a una poeta
con toda mi pena
para que te condene en su egoísmo
a la eterna salvación,
para que te haga inmortal
cuando tengas ganas de morir,
para que la única bala que te dispare
cuando la abandones
—porque tú eres un pájaro atrapado en la nieve,
recuérdalo, amor mío—
sea la que detona una palabra,
para que cuando te sientas nadie
recuerdes que eres el olvido de alguien.

Te deseo a tantas personas
como amor quiero hacerte.

Yo, sin embargo,
solo te deseo a ti.

IMAGI(A)NA

La poesía me ama con tristeza
y me concede el don de saber cómo inventarte,
de traerte a mis orillas
y volverte espuma salada en los ojos.
La poesía me acaricia la espalda con los dientes,
deja un rastro de sangre caliente por mis dedos
y apuñala con ternura mis verdades.

La poesía
me permite pintarte un día
entera del color del otoño,
hablar del movimiento de tu pelvis
cuando atacas con violencia las aceras,
resumir de un modo sencillo
el rastro de música
que deja el silencio
cuando decides llorarlo
o reírlo
y llamar de otra manera
a la facilidad que tienes
de curar mi suciedad.

Puedo escribir que me amas,
que hoy es París en tu azotea,

que elegiste sin dudar mi desorden
frente a su sonrisa
y te quieres por ello,
que hubo una tarde en la que hicimos el amor
durante tantos siglos
que atravesamos desnudas la barrera del sonido
y los delfines supieron de qué hablábamos.

Puedo escribir que no te has ido,
que no hay noche en la que tu lengua no meza mi cama,
que no puedes tocarte sin mis manos,
que nos declaramos culpables de cualquier triunfo
involuntario.

Puedo escribir que tus lágrimas
saben a las teclas de un piano dentro de una nube,
que en tu cuello anidan las madres de las golondrinas
y que he visto brotar pétalos de fuego
en las yemas de los dedos de tus pies.

Puedo escribir que crecen desiertos de arena
en mi garganta
cuando no te escucho,
que la piel me sabe a hiel
y todas las lenguas son ásperas piedras
si no es tu ansia la que me espera,
que te echo de menos
como un cuerpo desmembrado,
como un cadáver sin sustento,
que te echo

tanto
de
menos
que he abierto todas las ventanas
para llegar antes al techo.

Puedo escribir que vienes a verme,
que vuelves
a mis huecos
levantando mi alma y el viento con tu falda,
tus palabras diciéndome
que no hay jardín sin mi lluvia y mi cariño,
que no has dejado de latirme en la demora.

Puedo escribir que estás aquí esta noche,
envuelta como un gato entre mis piernas
y esa manta que acaricias con ternura,
que te quitas la ropa despacio
como si no hubiera mirada
mientras la lascivia recorre mis comisuras,
que me esperas en calma en la cama
tras el punto final.

Puedo ir más allá
y escribir cosas
como que tú estás aquí
y yo no estoy creando este poema,
y solo así
hacerlo verdad.

La poesía,
del mismo modo,
les da la vuelta a las cosas,
pone bocarriba a las certezas,
me explica que uno más uno
solo puede ser uno,
clava su pupila
—azul—
en la mía
y me escupe su mayor verdad a la cara:

la vida es para quien se conforma;
la poesía,
para quien sueña y desea
… y no tiene miedo de contarlo.

Día diez sin ti:
he dejado de huir
porque me he dado cuenta de que soy la única que me sigue.
Tu recuerdo tampoco: se ha quedado atrás.
Creo que me acerco a la meta.

2:22

Dime algo que no sepa,
por ejemplo:
que tu tristeza siempre fue una excusa,
que mis dedos fueron flores subiendo por tu costado,
que me echas de menos y sabes a sal,
que te destrozó no intentarlo,
que tu cama es el lugar más frío de esta parte del mundo,
que llegas tarde a todos los sitios
porque vives en el pasado.

Dime algo que no sepa,
por ejemplo:
que no me quieres,
que eres feliz
o que, de puntillas,
llegas a tocar las nubes de mi cabeza.

Te diré algo que no sabes,
por ejemplo:
que aún sostengo tu novena nota
en mi cuerda de tender,
que se murieron todas las plantas que tocaste,
que no me arrepiento porque jamás te llamé futuro,
que un día me acosté con tu recuerdo

y desde entonces me levanto en medio de un charco de cenizas,
como si hubiera dormido sobre un fuego carnívoro del tiempo.

Te diré algo que no sabes,
por ejemplo:
que el día que moriste nadie vino a verme,
que eres causa y afecto,
que me hace feliz
ser feliz
sin ti.

SOY LA AGUJA DE MI PAJAR

Estoy tan lejos de mi cuerpo,
noto tanta distancia entre el rostro y el alma,
que a veces me miro en el espejo
y no me veo,
pero me conozco.

Soy frágil y pequeña:
preciso de una mano que acaricie mis decisiones.
Crezco,
pero necesito sostener mi infancia un poco más.
No soy nadie sin el resto
y me asusta saberlo.
Imagínate reconocerlo.

Siempre que escribo sobre mí
termino rizando las pestañas a otras musas:
mi punto débil soy yo misma,
entera.
Soy la aguja de mi pajar.

No quiero saber quién soy.
Soy nadie sin mi hermana.
Soy nadie sin mi madre.
Soy nadie sin mi padre.

Soy nadie
si no sé decírselo.
No sé decírselo
si soy nadie.

Busco que me quieran
pocos,
muy pocos,
por quien soy,
y que la admiración no pase del qué.
Las multitudes me provocan tristeza
y los silencios me paralizan.

Mi inseguridad necesita un espejo cada día
que le recuerde
que el rechazo también es una segunda oportunidad.

Me aterran las penas de las personas que quiero,
me oprimen el pulmón
y me tiran del pelo.
Tengo insertadas en mi garganta
multitud de tristezas ajenas
como agujas del revés
atravesando almohadas.

Cómo no voy a escribir sobre otros
si construyen mi pecho
edificándolo en el infierno.

Cómo voy a superar
la muerte de mis plantas,
de aquel pez que tuve hace unos años,
de aquella tortuga que murió al mes de llevarla a casa.
Cómo voy a superar
el dolor de mi otro brazo,
la injusticia que subraya el azar,
las ausencias consentidas,
esa pena que es un latido constante y silente
y deja ronca a mi cabeza.

Cómo voy a hacerlo
si vivo en una carrera constante con lo que aún no me ha pasado,
y siempre gano,
y siempre pierdo.

Ven a acariciarme el pelo,
por favor,
que me pesa
demasiado
el corazón
y otra vez acabé besando a otros
después de mirarme en el espejo.

Día once sin ti:
me he olvidado de que te estaba olvidando
y te he olvidado.

NO ERES TÚ, ES LA POESÍA

No me gustas.

Es más,
odio esa boca:
parecen dos gusanos rosas serpenteando
entre un festín de fuegos artificiales
con sabor a melocotón,
con olor a hierba recién…

Que no.
No me gustas.

Detesto tu pelo,
tan despeinado que parece hecho a propósito,
tan largo que está siempre fuera de lugar.
No creo en él.
Cuando lo toco parece ceniza
y me invade una tos en el pecho
y su tacto me recuerda
a ese día
que hundí los pies
en la arena de aquella playa de Barcelona
después de más de tres años
sin ver el mar

y creí ahogarme mientras volaba
y de repente todo era azul
y todo era tan suave como…

Que no.
No me gustas.

Me da asco tu voz,
su manera de precipitarse
sobre el mundo como si tuviera todas las respuestas,
la excesiva torpeza de sus palabras,
el lugar equivocado sobre el que se asienta,
su exasperante lentitud
al hablar
como si fuera una mariposa desnuda
e hiciera el amor a todo lo que ve
tan despacio como si aún fuera ayer
y mi cuello
estuviera siguiéndole el compás,
cayendo en sus vocales
azucaradas y silentes,
volviendo a redactar
su abecedario de prosa floreciente…

Que no.
No me gustas.

Siento indiferencia por tus latidos,
siento un vacío atronador por tu vida,
por tus idas y venidas,

por tus triunfos calculados
y tus victorias dirigidas,
por tu cuerpo fracasado,
por ti desnuda, indefensa y derrotada,
aunque así seas lo más parecido a la libertad
que saboreé desde el suelo,
un encanto sin remedio,
un abrazo inherente a tu lápida,
tus ojitos tristes
llamándome ambulancia,
el olor de tus pestañas
pidiéndome ayuda,
mis ganas de dormir a tu lado…

Que no.
No me gustas.

Cállate.
Deja tu sexo a un lado.
Deja mi alma al otro.

Que no me gustas.

Es insoportable
tu caminar por las azoteas,
esa forma canina
de tropezar en mi tejado
y traerme tus heridas.
Es totalmente insoportable
el olor a asfalto que dejan tus huidas.

Hay tantos cadáveres
bailando sobre tu tumba
que creo que estoy muerta,
esperando a que suene la música.

No me gustas. Pese a lo que viene después.

Porque no es por ti,
mi amor.

No eres tú,
es la poesía.

RESCATE

Si no existieras tú,
si fueras, no sé,
un tirabuzón trenzado,
una dicotomía entre tu alma y tu cuerpo,
ganas que se quedan en ganas;
si fueras, cómo decirlo,
alguien que se ajusta a los límites de los días,
una sospecha,
un intento;

si no existieras tú,
si fueras otra cosa
con tu misma cara, voz y manos,
pero otra cosa,
en mi fin y en tu cabo,
te atravesaría entera,
te rompería las barreras,
te cruzaría de norte a sur pisando tu brújula
como el náufrago que traspasa bosques para llegar al mar,
y te habitaría con mis barcos
en la proa de tu esencia
esperando
sin ningún tipo de duda
ni tiempo
el rescate.

Día doce sin ti:
he conocido a alguien,
soy yo.
Voy a darme una oportunidad.

DOBLE O NADA

Todos estamos enamorados.
Solo algunos estamos despiertos.

* * *

El amor es un paréntesis abierto.

* * *

¿Me quieres?
Más que a mi vida, dijo el suicida.

* * *

Supe que aún la quería
porque la odiaba con una brutalidad de ensueño.
Supe que ya no la quería
porque el odio desapareció.
Doble o nada.

* * *

Sé que me haces feliz
porque mi tristeza no te reconoce.

* * *

Estaba tan guapa que me hizo dudar:
¿iba a quererla por fuera
o a quererme por dentro?

* * *

La quería con la eternidad que concede
la brevedad de un momento inolvidable.

* * *

Cuando te atreviste a leerme
yo ya estaba en otro libro.

* * *

Pasábamos tanto tiempo juntas
que creíamos que no hacíamos otra cosa.
Nos equivocábamos.
Lo estábamos haciendo todo.

* * *

Me pidió que le escribiera
un poema de amor.
Dibujé un pájaro
y se fue.

* * *

No hay peor forma de olvidarse
que desconocerse.

* * *

Eres un ángel caído,
pero tú me enseñaste a volar
y ese es motivo suficiente
para que te levantes de nuevo.

* * *

Tiendo a reconciliarme con mi mundo
cuando veo a alguien hablando solo
en voz alta: una soledad menos.

* * *

Soy igual de débil e igual de fuerte
que una flor en medio de un campo en ruinas.

* * *

Comparto mi soledad con mi espalda;
por eso siempre estoy en constante
huida: solo me abrazo.

* * *

Mis ojeras son sueños desbordados
desde que me besaste los párpados.

* * *

Te empeñaste en ser la primera
y lo fuiste,
pero no te diste cuenta de que en el amor

quien gana siempre
es quien llega último.

* * *

Te quiero hasta que me demuestres lo contrario.

* * *

El olvido es un estado de putrefacción.

* * *

No se trata de andar mirando al suelo,
sino de caminar buscando sus huellas.

* * *

Entender un abrazo por la espalda
como si un cuerpo fuese causa
y el otro cuerpo efecto.

* * *

Desde que te cobija,
mi espalda entera es una herida.

* * *

La vida me sonríe y tiene sus dientes.

* * *

Hay momentos en los que la vida
te coloca a la misma distancia
de huir o quedarte para siempre.

* * *

La paz no es la ausencia de ruidos,
es escucharlos y convertirlos en silencio.

* * *

Ellos luchan por demostrar que son
los mejores escritores.
Yo solo intento probar
que mis musas son otras.

* * *

Escribir es de cobardes;
el amor, pura valentía.
Todo junto, poesía.

* * *

Dos personas olvidándose
solo están queriéndose de otra manera.
El olvido llega con la soledad,
cuando uno es solo uno
y no hay hueco para otro.

ÍNDICE

Esta primera edición de *Baluarte* se
acabó de imprimir en Madrid el
17 de enero de 2026, festividad
de San Antonio Abad,
patrono de los animales.